Ye   25424

L'Enfant de Paris,

OU

LE GAMIN PHILOSOPHE PRATIQUE,

Juvénale

DÉDIÉE AUX JEUNES PARISIENS

DE LA CITÉ, VILLE ET FAUBOURGS,

Par un Ami du Peuple sans charlatanerie;

suivi de

Trois Chansons patriotiques.

> Ubi animus semel se cupiditate devinxit mala
> Necesse est... consilia consequi consimilia.
> TÉRENCE, l'*Heotuntimorumenos* (act. 1, scen. 4).
>
> Quand une fois un jeune homme a contracté de mauvaises habitudes, toutes ses actions se ressentent nécessairement de cette corruption.

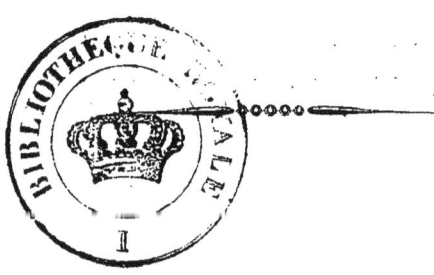

PARIS,

AUGUSTE LEGALLOIS, ÉDITEUR;

LECLERE, LIBRAIRE, RUE GIT-LE-COEUR, 10.

1838.

ROMANS POPULAIRES

DU BARON DE LAMOTHE-LANGON,

auteur de

l'Enfant de Paris ou le Gamin philosophe pratique.

Le 21 Janvier 1793. . . . . 3 vol. in-12.
Monsieur le Préfet. 4
La Province à Paris. 4
Fermier et Châtelain. 4
L'Espion de Police. 4
Cour d'un Prince régnant. 4
Le Chancelier et les Censeurs. 5
Fournisseur et Provençale. 4
Grand Seigneur et Pauvre Fille. 4
Princesse et Sous-Officier. 5
Le Fils de l'Empereur. 5
Le Diable. 5
Le Gamin de Paris. 5
La Femme du Banquier. . . . . 2 vol. in-8°.
Roi et Grisette. 2
Reine et Soldat. 2
Bonaparte et le Doge. 2

IMPRIMERIE DE Mme HUZARD (NÉE VALLAT LA CHAPELLE),
rue de l'Éperon, 7.

L'ENFANT DE PARIS.

Amis, connaissez-vous cet enfant pâle et grêle,
Aux cheveux blonds, au corps nerveux et pourtant frêle,
Qui, dans son œil d'azur, dépouillé de candeur,
Présente tour à tour la faiblesse et l'ardeur?
L'aspect d'un laid mouchard lui devient vrai supplice;
Voyez, quand il s'émeut, comme son front se plisse;
De sa bouche ternie admirez la gaîté.
Parfois un haut dédain ou la malignité
Font resplendir d'esprit sa piquante figure;
Habillé, Dieu le sait!!! il rit de sa parure;
Indifférent au goût, à l'art, même au grand ton,
Coiffé d'une casquette, armé d'un court bâton,
Portant botte d'autrui, qui rend son pied difforme,
De défunt Diogène il a pris l'uniforme.
Il a douze ans, treize ans, quinze ou seize au plus tard,
A dix-sept décrépit, il est passé vieillard.
Partout où le plaisir devant lui se découvre
Regardez-le courir du boulevart au Louvre.
Indolent au travail, redoutant l'atelier,
Il porte des paquets ou ceint le tablier.
A mille jeux divers, par son adresse il brille;
La balle, la marelle et la corde et la bille.
Ensanglanté, suant, il rentre débraillé,
Et toujours en retard, au logis étrillé,
Il rit de la tempête, et bientôt recommence
Le cercle vicieux de sa folle démence.
Sans vices, sans vertus; hardi, gourmand, hâbleur,

Tantôt très bon sujet, tantôt adroit voleur,
Il pourrait faire bien, fait mal par désœuvrance,
Et pourtant tel qu'il est, c'est l'espoir de la France.
C'est le Gamin; j'entends le Gamin de Paris;
Seul il a droit au nom dont il sait tout le prix.
Si vous le compreniez, ce plaisant personnage,
Si lent à s'occuper, si leste au badinage,
Qui d'une heure en fait deux, qui triple les instants,
Et qui n'a jamais su compter avec le temps.
Le Gamin de Paris est une rare espèce;
C'est une classe à part, c'est une lie épaisse,
Qui fermente et devient, heureux ou malheureux,
Tantôt liquide impur, tantôt vin généreux.
 Le banquier grelottant sous sa chaude lévite,
S'il le voit demi-nu, se détourne et l'évite.
Je sais qu'il n'est vraiment ni musqué, ni bien mis,
Qu'il a sa blouse en loque et ses talons remis;
Que son visage est sale et que sa chevelure,
Ses mains de cent couleurs et sa traînante allure
Prêtent à la critique, et qu'il faut convenir
Qu'on peut, par le présent, douter de l'avenir.
C'est le type du genre, et le Gamin renie
Toute distinction de bonne compagnie.
Pour lui la vie entière est un jeu prolongé,
A son moindre désir il se donne congé;
S'il a honte des pleurs qu'il arrache à sa mère,
Le courroux paternel n'est que bruit éphémère.
Quelque revers de main sur sa joue appliqué
Rend momentanément l'embarras compliqué.
Mais, comme tout prend fin sur cette pauvre terre,
Le Gamin, bravement, accepte au temps de guerre,
Puis, secouant l'oreille, il s'élance d'un bond,
Et court nonchalamment, en heureux vagabond.
S'il fait vingt fois par mois l'école buissonnière,

C'est, dit-il, qu'il n'a pas une humeur casanière ;
Qu'il lui faut le grand air, les champs, la liberté,
Et que le *far niente* est bon à la santé.
La paresse qu'il sert ne peut le satisfaire,
Il a l'air affairé sans avoir rien à faire.
Il va, vient, rentre, sort, court, mange, dort, jouit,
Franc badaud, tout l'émeut, le frappe et l'éblouit.
Un chien noyé l'arrête une demi-journée,
Devant un perroquet il perd la matinée,
L'après-midi s'écoule aussi complètement,
Rien qu'à voir passer l'eau qui s'enfuit mollement ;
Badin et persifleur, sans vouloir qu'on le raille,
Il boit sec et son guide alors est la muraille ;
Il serait débauché s'il avait de l'argent,
Ou bonhomme, ou taquin, bourru, puis obligeant ;
Il aime avec sa sœur sa marraine, et peut-être
Plus qu'il ne hait Satan il déteste son maître.
Mais du philosophisme, encore préoccupé,
Voltaire et son école à demi l'ont trompé.
Protégeant de Chatel les plates saturnales,
D'Auzou, pur calviniste, il suit les bacchanales ;
Des Templiers, pourtant, la farce lui déplaît,
Et contre Saint-Simon il débite un couplet ;
Quand de son gros bon sens les avis salutaires
Lui font mieux respecter nos augustes mystères.

 Élevant dans son cœur l'autel de l'amitié,
Contre toute boutique, il marche sans pitié ;
Il vante son honneur en pillant la galette ;
Parfois sa seule main consomme son emplette.
Le tien, le mien sont mots qu'il confond bien souvent.
Il admire l'artiste et raille le savant ;
Non, le meilleur voilier en parcourant le monde
Ne rencontrera point une image seconde
Du Gamin de Paris qui tient en son seul lot

De l'homme et de l'enfant qu'on voit sage et falot.
Que de fois occupé de cette forte étude,
J'ai suivi le Gamin dans sa moindre habitude ;
Dans ce livre vivant ouvert à tous les yeux,
Ma sagesse a porté son regard curieux.
O mélange étonnant de grandeur, de faiblesse !
Niais avec de l'esprit, généreux sans noblesse,
Il a le cœur loyal, le cerveau de travers ;
Ferme dans la victoire, il faillit au revers,
Sa précoce valeur dégénère en vengeance ;
Crédule comme un sot, rempli d'intelligence,
Babillard et discret, serré, dissipateur,
Il imite Tartufe et n'est jamais flatteur.
Avili, méprisé par de riches impies
Et par l'avidité des modernes harpies ;
Au travail le plus dur trop souvent condamné ;
Traité plus durement que ne l'est un damné,
On a faim, on a soif de sa triste existence.
Comme le criminel qui subit sa sentence,
Sur un métier fétide attaché constamment,
Il ne peut à ce joug disputer un moment.
Son maître n'a pour lui que dédain et colère ;
Il lui paie à regret son modeste salaire.
Le désire ignorant et repousse de lui
La lumière des arts qui sur la France a lui ;
Qui cherche à l'éclairer, qui s'occupe à l'instruire
Devient un factieux armé pour tout détruire.
Il ne faut au Gamin, pour accomplir son sort,
Qu'un esclavage affreux, la misère et la mort.
A quoi bon du Savoir surcharger sa mémoire ?
A quoi lui sert l'étude et son fade grimoire ?
Qu'il travaille beaucoup, se vende à bon marché,
Qu'il soit ivrogne, impie et surtout débauché,
Qu'un mal cruel le ronge et que l'ennuie le gagne ;

Pourvu qu'il puisse aller au bout de sa campagne.
Ainsi parle aujourd'hui le commerçant taré,
Banqueroutier trois fois et de la croix paré.
Quelquefois le Gamin, que sans cause il déteste,
Cet enfant poursuivi par un destin funeste,
Dans ses traits amaigris, dans son corps excédé,
Porte d'un sang fameux le type dégradé;
Sa mère, le jouet d'un séducteur infame,
Fut fille sans pudeur ou criminelle femme;
Et son fils malheureux, errant sur le pavé,
D'un brillant duc et pair est l'enfant énervé.
Ah! que de noms fameux sont portés dans la fange!
Tel démon de nos jours est le fruit d'un archange;
Le Gamin, s'il le sait, n'en est guère plus fier,
Car il sera demain ce qu'il était hier.

 Mais qui m'expliquera sa raison perspicace?
Cet art de renouer le fil quand il se casse.
Cet instinct tout-puissant qui lui fait abhorrer
Ces vampires publics qu'il devrait ignorer?
Pourquoi, des Turcarets détestant l'insolence,
Au cercueil d'un héros pleure-t-il en silence?
D'où vient qu'il applaudit avec un tact parfait
La scène bien conduite et le tableau d'effet?
Qui le rend si sensible aux œuvres du génie,
Qui fait germer en lui l'amour de l'harmonie?
Pourquoi sent-il le vrai, le sublime, le bon?
Pourquoi l'art fixe-t-il son élan vagabond?
Là, sur le boulevart, son goût pur et sans tache
Repousse le clinquant où le bourgeois s'attache;
Mais quand un mélodrame, avec soin revêtu,
Porte à son jeune cœur l'amour de la vertu,
Lorsqu'un adolescent, généreux et fidèle,
A l'enfant de Paris se montre en beau modèle,
Par celui-ci soudain, séduit et transporté,

Vers un succès brillant le chef-d'œuvre est porté ;
Qui l'émeut est un dieu, qui le touche l'enflamme,
Lui qui ne croit à rien ne sait pas nier l'ame,
Ni cet élan vainqueur à l'éclat décevant
Ignoré dans le jour, mais qu'on voit en rêvant ;
Quelque secrète voix lui parle de la gloire,
Des palmes d'Austerlitz, des cyprès de la Loire,
Et souvent, au milieu de sa frivolité,
L'illusion l'entraîne à l'immortalité.
  En lui je ne sais quoi, dès la première enfance,
Du vrai, de la vertu lui dicta la défense,
Il les aime, il les cherche, il les suit et pourtant,
Fantasque, il les poursuit d'un sarcasme insultant.
Inextricable enfant, labyrinthe de flamme,
Matériel un jour, à douter de son ame,
Le lendemain il pense, en Croyant rigoureux.
Téméraire, prudent, avare, généreux ;
A l'appel de l'honneur sa poitrine élargie
Par de forts battements marque son énergie,
Mais, ne pouvant fixer ses mille volontés,
Il égare, sans but, ses pas précipités.
Quand le glas du tocsin ou le cri de la guerre
Dit au peuple irrité de lancer le tonnerre ;
Lorsque la trahison, enivrement des cœurs,
Enveloppe Paris dans ses filets vainqueurs ;
Lorsque la calomnie a d'un venin infame
Souillé le meilleur prince et la plus sainte femme;
Lorsque, trompé par l'art d'un fourbe insidieux,
Le bourgeois croit punir un complot odieux,
Et qu'égaré surtout par l'aveugle anarchie,
Il sert les jacobins contre la monarchie ;
Dans ces jours de délire et de perversité
Le régicide hurle au sein de la cité ;
Aussitôt le Gamin, par essence intrépide,

Dédaignant le péril, y court d'un pas rapide;
Où gronde le canon il arrive à grands pas,
Et, la pipe à la bouche, il brave le trépas.
Voyez-le devancer son patron qui tâtonne;
De sa franche terreur, lui, sourit et s'étonne.
Devant ces escadrons servant encore le roi,
Lui, gai séditieux, se poste sans effroi;
Il ne craint point le sabre et peu la baïonnette;
D'un mouchoir tricolore il fait une cornette,
Et sous cet étendard, dont la couleur lui plaît,
Il vole à l'ennemi qu'il raille d'un couplet.
Vaincu, son pied léger loin du vainqueur l'emporte;
S'il triomphe, du Louvre il enfonce la porte;
Si la mitraille éclate et siffle sur son front,
Il se couche par terre et puis venge l'affront;
La fuite n'a pour lui ni déshonneur ni honte;
Son attaque est hardie et sa retraite prompte;
Pour lui, vaincre est le but et le péril n'est rien.
Tout gamin, dans ce jour, est héros et vaurien;
Polisson, persifleur en se donnant la belle,
Il se dit souverain et nullement rebelle.
Les soldats qui, trente ans, ont porté le mousquet
Redoutent d'un enfant l'audace et le caquet;
Sur tout Suisse expirant il lance une épigramme,
Il croit sauver ses droits, non servir une trame.
Enfin, nous l'avons vu, par sa valeur sans prix,
Dans le palais des rois entrer heureux, surpris,
Et briser sans raison, objet de sa colère,
Ce trône de mille ans l'ouvrage séculaire;
Tandis que lui mourait en répétant ces cris :
Vivent la Liberté, les Gamins et Paris!

 O malheureux enfant! quelle lâche manie
A-t-elle dédaigné ton précoce génie?
Pourquoi, t'éclairant mieux sur ton réel bonheur,

Ne t'a-t-on pas soustrait au dogme empoisonneur ?
Oui, depuis cinquante ans que la philosophie
Se couronne orgueilleuse et tant se glorifie,
Elle n'a pas daigné descendre jusqu'à toi,
Et te sachant sans mœurs, sans mesure, sans foi,
T'a laissé dans le vice et dans cette ignorance
Dont le fruit maintenant importune la France.
Quels exemples peut-on présenter à tes yeux ?
Est-ce de tes parents l'aspect licencieux ?
Là, plus de saint hymen, là, le libertinage ;
Sur la religion l'indécent badinage,
Le mépris des autels et le Roi détesté,
Lui qui voudrait te rendre à ta prospérité.
Ton impudique sœur, ta mère criminelle
Souillent de leurs excès la chambre paternelle.
Ton père, quel est-il ? combien de fois, moutard,
Ton front a-t-il rougi du titre de bâtard ?
Si l'auteur de tes jours existe, quel exemple
Donne-t-il à ce fils dont l'esprit le contemple ?
Débauché, querelleur, ivrogne, fainéant,
Au lieu de l'Évangile, il prêche le néant ;
De nos mystères saints cet insensé se raille ;
Tout pontife ou pasteur il les nomme prêtraille.
Il périt quand ton cœur est enfin gangrené,
Et tu restes alors de tous abandonné.
Le crime, déhonté, deviendra ta ressource,
Et tu remonteras vers ta funeste source.
Si pourtant plus heureux, et père et mère et sœur
Sur ton triste destin sèment quelque douceur,
Du moins pour l'avenir leur folle indifférence
De tes pieux devoirs te laisse l'ignorance.
Le mal toujours t'entraîne, et son fatal chemin
A des actes honteux t'appellera demain.
On te fera chérir la sanglante anarchie ;

Tu haïras bientôt le roi, la monarchie,
Et dans d'obscurs complots allant s'associer,
Tu recommenceras cet infame Mercier.
　　C'est pourquoi t'arrachant à qui t'a su séduire,
Vers de simples vertus n'a-t-on pu te conduire?
Pourquoi te dédaigner dans ta simplicité,
Toi, le peuple avenir de la grande cité?
Pourquoi t'abandonner dans ta misère affreuse?
Que ne te tendait-on une main généreuse,
Au lieu de prodiguer tant de millions perdus
A tous ces affamés courtisans assidus?
On aurait éclairé ta jeunesse indocile;
Mais, non, on la voulait misérable, imbécille.
Eh bien! l'arbre a grandi, nous possédons son fruit;
Le Gamin délaissé, par vengeance, a détruit.
Tant de malheurs sont nés de sa longue souffrance!
Son cœur reconnaissant aurait chéri la France.
Mais d'un si frêle enfant pouvait-on avoir peur?
Ainsi la glace égare en son miroir trompeur,
Il montre à la surface une route facile,
Et par elle on évite un détour inutile;
Mais, sous un poids trop lourd, elle éclate, et dans l'eau
L'imprudent voyageur va trouver un tombeau.
　　Pauvre enfant, que ces jours d'homicide mémoire
Sur ton obscurité firent briller de gloire!
Que tu grandis, Gamin, que tu devins géant!
Quand maint héros sifflé courait vers ton néant,
Dédaigneux des honneurs et plein d'indifférence
Pour ces hochets le but de tant de préférence,
Tu donnas ton beau sang, ta jeunesse, tes jours
A ce pays ingrat qui t'ignore toujours.
O Gamin! tes efforts dont tu fus la victime
N'ont pu te mériter de palme légitime,

Et lorsque dans le Louvre, en vainqueur turbulent,
Tu pénétrais armé de ton rire insolent,
Tu pensais des flatteurs chasser l'engeance indigne :
Eh bien ! à les revoir que ton cœur se résigne ;
Car dans ces mêmes lieux où ces vautours impurs
Parlaient d'un ton moqueur de tes exploits obscurs,
Leurs foules de retour, quand la faim te dévore,
S'engraissent de ton sang et t'insultent encore.
Lorsqu'au jour qui te vit, monarque adolescent,
Enlever la couronne à ton front rougissant ;
Quand de ta libre main, tu la remis toi-même
A ce roi, ton ouvrage, et qui franchement t'aime,
Tu ne te doutais pas, enfant, que, malgré lui,
L'étoile des abus sur nous aurait relui ;
Que les vils courtisans, ces avides vampires,
Qui boivent ta sueur, qui sucent les empires,
Oseraient reparaître, et que leur plat dédain
T'empêcherait d'entrer dans le royal jardin.
Gamin, tu ne saurais paraître aux Tuileries
Que lorsque l'on t'y voit en bandes aguerries
Affronter la mitraille, et, la pique à la main,
Sur des corps expirants te tracer un chemin ;
Quand, courbant devant toi son front jusques à l'herbe,
Le chambellan valet perd son orgueil superbe ;
Quand lassé de combattre et de vaincre lassé,
Accordant le repos à ton corps harassé,
De la couche royale, au nom de la patrie,
Tu foules sans pitié la majesté flétrie,
Et quand paisible, enfin, l'on te voit sommeiller
Où de cruels soucis ont toujours fait veiller.

DE LAMOTHE-LANGON.

10 février—27 mai 1838.

LES PRÉSENS DE LA FORTUNE.

AIR : Du serin qui te fait envie.

Enfant la fortune est volage,
Il faut la saisir aux cheveux ;
Elle aime à doter le bel âge,
Presse-toi de former des vœux ;
Des biens qu'en foule elle présente,
Tu peux contenter ton désir ;
Cherche dans leur masse imposante,
Mais crains surtout de mal choisir.

Vois-tu ce brillant diadème,
Tissu d'or semé de rubis,
Des chagrins la cohorte blème
Le suit, portant de noirs habits.
De cette épée étincelante
Qui plaît à ton cœur généreux,
Mon enfant, la pointe est sanglante,
Et c'est du sang des malheureux.

Si tu veux porter cette mitre
Qui vient de tomber devant toi,
Il faut, pieux à plus d'un titre,
Faire aimer Dieu, l'Etat, le Roi.
Vas-tu relever la balance
Que Thémis tenait en sa main,
Sur toi la chicane s'élance ;
Pauvre enfant quel triste chemin !

Fuis ce Crésus, d'une harpie
Empruntant les ongles crochus,
Dédaigne sa richesse impie,
Vil amour des hommes déchus ;
Crois-moi, n'accepte pas encore
Le crédit promis au flatteur,
Ni le ruban dont se décore
Le courtisan lâche et menteur.

Refuse de toucher la lyre
Qui forme des sons immortels ;
Crains des muses le beau délire,
L'envie assiège leurs autels.
Le savoir devient inutile,
Il n'est que l'art du raisonneur ;

Jamais de ce champ infertile
On n'a fait croître le bonheur.

Enfant, vois-tu cette chaumine
Que l'on te montre avec dédain,
Que vers là ton pas s'achemine,
Elle est sur la route d'Eden.
Sous sa toiture solitaire,
L'amitié, l'amour, la santé
Sauront t'offrir, et sans mystère,
Le bonheur dans la liberté.

La liberté, je te l'assure,
Est la richesse des humains ;
Elle guérit toute blessure ;
Le nectar jaillit de ses mains,
Elle féconde, à son passage,
Les cœurs aux élans généreux ;
Qui la désire est le vrai sage,
Qui la possède est seul heureux.

DE LAMOTHE-LANGON.

9 octobre 1828.

LE PETIT CAPORAL.

AIR : Aussitôt que la lumière.

Ecoutez-moi, capitaine,
Je suis apprenti sorcier,
Ne vous mettez pas en peine
De votre sous-officier.
Avant la fin de l'année
Il doit être général,
Car grande est la destinée
De ce petit caporal.

Je sais que piètre est sa mine,
Mais d'un aigle il a les yeux,
Vers la gloire il s'achemine
En géant audacieux.
Il franchira plus d'un grade,
Et plus d'un fier général
Viendra faire la parade
Sous le petit caporal.

A Toulon il fait merveille,
Le Tibre tremble à son nom,
Et l'Egypte se réveille
Au bruit de son haut renom.
Voilà qu'il revient en France
Plus maître que général;
Nous retrouvons l'espérance
Près du petit caporal.

Marengo, de sa vaillance,
Gardera le souvenir,
Vers Berlin, puis il s'élance,
A Vienne il doit revenir.
Consul d'abord il se nomme;
Est-ce mieux que général?
Sera-t-il plus qu'un grand homme,
Notre petit-caporal?

Soldats, il en fait bien d'autres,
Déplorons tous son erreur,
Le successeur des apôtres
Vient le sacrer empereur.
Ainsi donc le diadême
Ceint le front du général.
Dans l'éclat du rang suprême
Disparaît le caporal.

Couronné par la victoire
Il en compromet les droits,
Quand des hauteurs de sa gloire
Il descend parmi les rois.
Ce n'est plus la marche fière
De notre ancien général,
Nouveau comte de Tuffière,
Adieu petit caporal.

Puissant et non légitime
Il éprouve des revers,
Et meurt, auguste victime,
Dans un coin de l'univers.
Si cet empereur fantôme
N'est plus notre général,
Aimons toujours le grand homme
Dans le petit caporal.

DE LAMOTHE-LANGON.

8 octobre 1829.

LA FEUILLE MORTE.

ROMANCE.

AIR : T'en souviens-tu ? disait un capitaine.

Né des rayons du soleil qui s'éveille,
Quand le printemps brille en un ciel d'azur,
Et de nos prés quand la verte corbeille
Au loin exhale un parfum doux et pur ;
En ces beaux jours où tout se renouvelle,
De l'an passé reste morne et flétri,
Feuille séchée et que la mort appelle,
Pendant l'hiver tu n'as donc pas péri !

Et cependant un automne superbe
A vu ternir son trône de gazon ;
Le froid austère a dispersé sur l'herbe
Tes jeunes sœurs dans l'arrière-saison ;
Il est tombé le lis fleur d'espérance,
Et le laurier d'un grand peuple chéri ;
Et, quand l'orage a grondé sur la France,
Pendant l'hiver, toi, tu n'as pas péri !

Tout a sa fin sur la terre où nous sommes,
Et l'oranger au fruit délicieux,
Et la beauté qui séduit tous les hommes,
Et la vertu qui nous élève aux cieux :
Chaque regard nous découvre une tombe,
Contre la mort il n'est aucun abri :
L'homme aussi bien que les feuilles succombe ;
Et dans l'hiver, toi, tu n'as pas péri !

Est-ce exister, que languir desséchée,
Que vivre seule au fond des bois touffus,
Sans une sœur à ta branche attachée ?
Pareil destin n'aurait que mes refus ;
Il faut avoir compagnons ou maîtresse :
Sans eux jamais ton sort ne m'eût souri.
Pour qui n'a point l'appui de la tendresse,
Avant l'hiver vaut mieux avoir péri !

DE LAMOTHE-LANGON.

26 février 1832.

www.ingramcontent.com/pod-product-compliance
Lightning Source LLC
Chambersburg PA
CBHW071450060426
42450CB00009BA/2366